AF489134

EL LADO OSCURO DEL CORAZÓN

Sandra Anabella Mancilla

EL LADO OSCURO DEL CORAZÓN

PRIMERA EDICIÓN
Mayo 2022

Editado por Aguja Literaria
Noruega 6655, dpto. 132
Las Condes - Santiago de Chile
Fono fijo: 56 - 227896753
E-Mail: contacto@agujaliteraria.com
www.agujaliteraria.com
Facebook: Aguja Literaria
Instagram @agujaliteraria

ISBN
9789564090214

Nº INSCRIPCIÓN:
2022-A-3504

TAPAS:
Diseño: Víctor Mora M.

AGRADECIMIENTOS

A mi madre, Tere Castillo,
por acompañarme en este proceso de resiliencia.

A mi amigo, escritor y publicista Víctor Mora Moya,
por el diseño de la portada
y su motivación a cumplir este sueño.

ÍNDICE

Un día de otoño te conocí

No pude esconder la felicidad de ese momento
Volví a ser niña
a la que entregaban ese regalo que tanto deseaba
No eran zapatos, no era ropa, no eran dulces,
ni caramelos, ni chocolates, ni manjar,
ese manjar que no he podido dejar.

Algo más sutil era tu mirada, tus ojos,
mi mayor deseo,
ojos que en las noches eran motivo de mi desvelo,
solo me conformaría con mirarlos
deseando que ese momento fuera eterno

Estaba tan ilusionada,
las ansias me sobrepasaban porque
sabía que ahí había magia

Un día de otoño negro te conocí,
ese día,
ese día fue mi fin

Sandra Anabella Mancilla

Besos en luz roja

Te he escrito en cada rincón
en el aire, en la luna, en las piedras
no sé dónde más escribir
¡Hoy amarillo brilla el sol!

Quisiera sonreír, pero tu recuerdo lo apaga

Paseo por Viña del Mar,
cada semáforo en rojo recuerda los besos que me pedías,
cada pausa era un premio a la existencia
aquel esperado momento
en que se cuentan los segundos hasta volver
cuenta regresiva

Amor, ¿qué pasó?

¿Por qué apagaste las luces de la ciudad?
¿Por qué los semáforos no volvieron a funcionar?

En este andar rojo, amarillo, verde,
todo negro está

Estoy tan rota

Estoy tan rota
lágrimas salen por mi cuerpo

Quisiera retenerlas, devolverlas,
son una llave abierta
cada lágrima forma un mar
un mar negro

Estoy tan rota
lágrimas salen por mi cuerpo

El elíxir de aquella noche
me enamoraste
bendita santa sana cerveza
elixir que me abandonaste amor

Rota
Rota, estoy tan rota

Sandra Anabella Mancilla

Mi estación

¿En qué paradero estoy?
Respiro durante horas el mismo aire,
al mismo ritmo, el mismo aire

El silencio me invoca a no pensar
mantener mi mente sintiendo
que solo necesito ese aire para mantenerme

Pero ese aire es solo para mí,
¿tendría que pensar en compartirlo?

¿Tendría que alterar ese silencio compañero en mi
estación?

¿Cuánto tiempo más debe pasar para que llegue alguien a
compartirlo?

¿Estaré dispuesta a aceptar la presencia de un desconocido
en medio de este viaje, abandonando mi silencio de
tranquilidad?

Me siento sola...
Puedo oír la soledad, olerla
Es un extraño aroma que me atrae,
agradable, me sumerge sutil,
pensaba que había sido tranquilidad,
la compañía que merecía, quizás

He permanecido demasiado en mi estación
el olor no ha cambiado
no cambian sus colores
¿Se puede sentir aquí que cada segundo que pasa no
vuelve?
¿Depende de mí salir de ella?

Miro hacia el cielo, suplico respuesta
¿Qué debo hacer?
¿Vivir para colorearla?
¿Esperar la llegada de un otro y pintarla juntos?
¿Quedarme en la soledad de mi estación?

¿Esperar la inevitable Muerte?

Anoche

Anoche soñé que danzaba en un escenario muy alto junto
al mar...
Era de noche, brillaban las estrellas, las luces del escenario
Mi traje negro ajustado, danza contemporánea

Era hermoso a pesar de temer a la altura, la oscuridad
Termino mi actuación como solista,
termina la música, se apagan los focos,
las estrellas

Se baja el telón, en vez de retirarme, emocionada por mi
danza,
mi mente grita
¡libertad!
¡Me lanzo al vacío profundo del mar!

Caía sin saber en qué momento lo tocaría
soy espectador de mi cara y sonreía
mi cabello al viento cual unicornio de luces
escenario que acababa de dejar
Sin temor, me hizo temer de mí misma

Quería continuar la caída
un sonido explota fuerte anunciando mi ingreso al mar,
no sentía frío, me agradaba
temo a las bestias, *Tiburón* me paralizaba de niña
entraba a no sé cuántos metros de profundidad

no sentí miedo, ni temor, no toqué nada, no choqué con
nada

Comencé a mirar hacia arriba, no fue necesario hacer nada,
era como si algo tomara mi mirada
eso bastó para tocar la superficie

Al respirar fuera, antes de abrir, oí los aplausos
como ruido molesto,
mi paseo a la profundidad fue de tanto silencio,
mi mayor inspiración a mis sentidos

Personas corrían a "salvarme"
me toman de la mano desde un borde,
sorpresa sorprendo
soy una princesa vestida de blanco del mar,
de brillos, sedas, tules, de estrellas visto,
pero propio suicidio era...

Sandra Anabella Mancilla

Rojo

Me Vestí de Rojo
por ti me vestí de rojo

Jamás lo había hecho
no era para mí
parecía vestir de sangre
agresiva provocadora, leona furiosa

No me gustaba vestir de rojo,
te gustaba mi abrigo rojo
te gustaban mis labios rojos

No era lo que yo elegiría
solo mi traje de flamenco me poseía
un escenario me maquillaba rojo
intenso, provocador rojo
con la fuerza los zapatos

¡Qué curioso!
La fuerza, la interpretación
mi espíritu flamenco
lo encontraba ahí

De rojo
labios rojos

Hoy fui

A la Iglesia de San Expedito
a la gruta de San Judas Tadeo
pedí por tu salud

Que tengas una pronta recuperación
que salgas adelante, logres todo lo que te has propuesto
Deseo lo mejor Para ti

Yo estaré bien entre día y noche
luz y oscuridad, risas llanto
tomates y paltas, piñas naranjas

Entre calles y desiertos, entre mares ríos
Entre puentes y murallas, entre perros gatos
Entre ayer y hoy, entre té café
Entre pan y mantequilla, entre marraqueta hallulla
Entre suspiros, entre tú y yo
En mi propia tempestad

Yo
Yo, yo estaré bien

Sandra Anabella Mancilla

Solo soy

No soy escritora
ni poeta

Solo he sido siempre
aficionada a contar cuentos.

Aquí solo escribo lo que siento por ti
no tengo cómo decirte

Eres la luz que me consume
aliento
y casi no respiro

Mi madre me exige hablar, sonreír
no puedo, hoy no puedo

Amor

Pensé que te quedarías

Que mi amor, cuidado y cariño
te gustaban

Pensé que te quedarías

Que mi piel deseabas
y tus manos después de tenerme
me abrazarían

Pensé que te quedarías

Beso

Me besó
fue el comienzo

Son los besos que hacen sentir
que existe la felicidad
la complicidad, el deseo, los sueños

Me besó
fue el comienzo

Te Amo sin más palabras
Te beso
fue el comienzo

Triste 18 de septiembre

Hoy me consume la tristeza

Mientras todos hacen asados
yo solo hago lágrimas

Les he tomado cariño
acomoda la carne en la parrilla
separo mis lágrimas una por lado

Mientras todos hacen asados
yo solo hago lágrimas

Trato de no contaminar la ensalada
con la tristeza que cae de mí

Mientras todos hacen asados
yo solo hago lágrimas...

Triste 18 de septiembre
no dejo de pensar en ti

Sandra Anabella Mancilla

Llegué a La Patagonia desde Viña

¡Arre Arre! A la Patagonia debo llegar

Árboles, música en la radio
por fuera todo pasa
mi madre me habla

Vuelan caballos
vuelan autos vuelan balizas
no puedo mirar, solo duermo
¡Madre perdóname!

¡Arre Arre! A la Patagonia debo llegar

El Avión no acelera
rezo antes de despegar
para atrás pasan fantasmas
se devuelven una y otra vez
no los veo, solo duermo

¡Arre Arre! A la Patagonia debo llegar

Mi casa me espera, espera el silencio
vuelan autos, vuelan ríos,
doncellas nevadas
vuelan vacas, bosques
solo duermo

¡Arre Arre! A la Patagonia debo llegar

En casa el silencio me espera
entro y lo rompo
explota el llanto de recuerdos
de aquel viaje a ver
mi negro

¡Arre arre! A la Patagonia debo llegar

Tanta preparación parecía graduación
es que para ti solo tengo lo mejor

Mi Amor, Cariño, Humor, Compañía
Mi Fidelidad, Lealtad, Pasión
Mi Trabajo, Alma y mi Corazón...

¡Arre arre! A la Patagonia debo llegar
¡a ti quiero llegar!

¡Arre arre! A la Patagonia debo llegar
a ti corazón negro

Sandra Anabella Mancilla

Ausente

Está en el aire
la tierra al caminar

Está en los mensajes
al universo

Está en tus labios
en los míos

Está en tus miedos
para abrazarte
cuidarte

Amor Ausente.

Feliz

Estoy Feliz
de sentir que aún soy capaz
de amar

Estoy Feliz
de sentir que aún soy capaz
de sentirme con vida

Aunque no sea correspondida...

Estoy Feliz
de sentir que aún soy capaz

Por qué el arte de amar
no es para todos

Hoy

Hoy limpié mi Jardín
No hay picaflor que me traiga noticias

Hoy limpié mi Jardín
Ya no quedan rosas rojas
el rocío se extingue y se lleva tu sabor

Hoy limpié mi Jardín
Porque las mariposas ya no danzan
alegres repartiendo tu olor

Hoy limpié mi Jardín
No hay margaritas venenosas
que tiñan todo de negro

Hoy limpié mi Jardín
puedo ver cómo se ilumina
mi negro atardecer

Era de verdad

Mi amor era de verdad
un amor de verdad
el que tanto llamabas a gritos
y al que solo yo respondí

Pero tú negro
no estabas dispuesto
a aceptar un amor sincero

Lo perdiste, me perdiste

Mi amor era de verdad

Sandra Anabella Mancilla

Cree en ti

En ti
porque eres extraordinario

Cree en ti...
porque eres capaz
de levantarte cada día

En ti...
porque el mundo te espera

Cree en ti...
porque tu corazón vibra

En ti...
porque te espera ese
café en las mañanas

Cree en ti
porque aún tienes un
corazón noble

En ti
porque te quieres
porque te quiero y
todos los que
te queremos...

Creemos en Ti

Equivocarse te hace Humano

Hoy Tuve que morir
fui quien no debía ser

Hoy cometí un gran error
no fui quien quise ser

Equivocarse te hace Humano

Hoy pedí perdón
enfrento mi dolor

¿Qué más humano que equivocarnos?

Hoy aprendí que mientras esté respirando
no quiero volver a morir

Equivocarse te hace Humano
me equivoqué

Sandra Anabella Mancilla

No tengo miedo

Ya no temo a tu oscuridad
no tengo monstruos en mi mente
tampoco bajo mi cama

La noche es mi amiga
le abrí la puerta a ese pájaro que me vigila
hoy me saluda olvidé lo que tanto temía

Hoy vuelo en libertad
ya no puedes dañarme
ni quitarme los dulces de niña

Ya no suplico caricias
ni confundo tormentas
no sé de tristezas
ni recuerdo mi llanto inmaduro

No tengo miedo
no tengo miedo
me da más miedo saber

¡que ya no temo!

No llores

No llores por mí
no llores
porque cada mañana habrá un nuevo rocío
que acaricie tu piel por mí

Los barcos se perderán
entre las olas del mar
quizás en esa inmensidad
encuentres el amor que perdí

Las horas que imaginamos juntos
quedarán grabadas por siempre

No llores por mí
no llores

Porque sin importar el lugar
la distancia y el tiempo
fui feliz

Seguiré saltando las líneas
en las veredas
para no ver el paso que doy

Contaré cada dos cuadros
¡ay!
Si te tuviera de la mano mientras camino
te reirías, porque sería mi paso

el más disparejo
la marcha más imperfecta
pero con más sentimiento

No llores por mí
no llores

¿Por qué los sueños no son eternos?
¿Por qué tus caricias no alcanzan mis manos?

Ya no respiro solo deseo un suspiro

No llores por mí
no llores

Tú

Mientras Tú...

Mientras tú la despreciabas, había quien la admiraba

Mientras tú la denigrabas, había quien la mirada volteaba

Mientras tú la ignorabas, había quien al oído le cantara

Mientras tú la abandonabas, había quien su compañía apreciara.

Mientras tú la callabas, había quien con ella soñaba

Mientras tú la engañabas, había quien la verdad enseñara

Mientras tú la postergabas, había quien en su vida

la priorizara

Mientras tú la ilusionabas, había quien en magia la bañara

Mientras tú la matabas, había quien sus cenizas regara

Mientras tú te ausentabas...

Era ella la que de amor propio se llenara

Sandra Anabella Mancilla

Mi ventana

Cuando abrí mi ventana, dejé salir mi alma
acarició tu cuerpo, en tu regazo descansó
dijo te quiero

Cuando abrí mi ventana, los pajaritos revoloteaban en
busca de tus pisadas

Cuando abrí mi ventana, volaron todos mis miedos
pero el miedo a perderte quedó suspendido

Cuando abrí mi ventana, el tiempo dejó de correr
tu mirada florece

Ojalá

Ojalá pudiera tomar tu mano
sostener tu silencio
abrazar tu guitarra
amarte entre letras
Canción

Sandra Anabella Mancilla

Para ti

Quisiera escribir mil palabras en un papel
no sería lo mismo que mis versos en tu piel

Para ti

Búscame si quieres

En mis pantalones, mis camisas, mis placeres

Búscame
en las mañanas, noches, atardeceres

Búscame
con café con leche, tostadas, amaneceres

Búscame
las miradas, las caricias, los besos, sonrisas

Búscame
en el mar, en el río, con tormentas y suspiros

Búscame
con guitarra, con canto, melodías, abrazos

Búscame
días lindos, días fríos, días negros, los reflejos

Búscame
en ayunas, con comida, con bebida, mil sonrisas

Búscame si quieres, porque en el olvido he perdido el
camino
tus sueños de niño

Búscame

Sandra Anabella Mancilla

Arte

No hay arte más lindo
tu silueta

No hay arte más lindo
tu canción

No hay Arte más lindo
tus ojos
brillos de la luz
tu corazón

Yo sé que en el fondo me amas

Olvidar no puedes, te alimento de besos, abrazos suspiros

No olvidas quien su vida entregó, por ti venció caminos

No olvidas quien tu alma pinta de arcoíris con los colores
de tu niño

No olvidas quien por ti cada día reza, camina, respira y no
te olvida...

No puedes olvidar quien te dio la piel, sangre, tu cuerpo
todos los sentidos

No puedes olvidar quien te enseñó a amar con su amor
infinito

No puedes olvidar quien te leyó cuentos, enseñó a escribir,
cantó tus canciones

No puedes olvidar quien llevaba tu aroma, peinaba tu
cabello, te envolvía en su cuerpo

No puedes olvidar quien sufrió tu espera, te dio su sangre,
abrió tus ojitos

No puedes olvidar la alegría, el dolor, la nostalgia, el amor
de quien te dio la vida

Sandra Anabella Mancilla

Sé que en el fondo me amas

Espero que el tiempo no pase, la piel no envejezca, la
memoria no se ausente
para que cuando te vuelva a ver, aún te recuerde

En el fondo me amas

Te busco

Te busco en la risa, el llanto, el dolor, la angustia
cuando me siento feliz, cuando no

Cuando siento tu falta pienso en qué camino andarás
si estarás bien o me extrañas

Te busco en la mañana, como el último pensamiento antes
de dormir
como el primero al despertar

Cuando siento la noche fría, no tengo tu cuerpo
te acaricia
el frío me envuelve, me tirita la noche

Te busco en la mirada, la gente, las luces, el ruido,
silencio de la ciudad

Te recuerdo con suspiros, no comprendo la distancia
en el amor que sentía inmenso

Te busco, lo sabes

Poema 30

Nada es igual

Desde que cerré mis ojos para no verte partir
Nada es igual
¡Tantas risas!
Era todo tan mágico porque los dos nos hacíamos reír

La luna nos miraba, sonreía en nuestras frías noches
patagonas
El sol observaba quién lanzaba la primera carcajada
Quiero saber si recuerdas lo que más nos hizo reír,
fueron tantas
galopaban sobre nuestros cuerpos, cómplices, locos,
enamorados
De tanto reír, llorar, besarnos,
olvido lo que más nos hizo reír

Nada es igual
llegas donde mi mente puede recordar
lo difícil de olvidar es dejar de recordar

Me propongo no pensar más, mis recuerdos ríen
me dicen que aún sigues en mí

Cantan las aves, silva el viento, te siento
camino, corro, canto, suspiro, tomo tu mano,

la descanso en mi pecho
nadie te ve, amor, solo yo te siento

Aunque mi corazón negro se viste

Nada es igual

Sandra Anabella Mancilla

Ayer abrí una caja

Era mi cajita de recuerdos
de momentos llenos de sueños

Estaba tu foto, silencios, muchos deseos
había música, aromas, abrazos, reencuentros

Ayer abrí una caja

No encuentro la llave
no debí contarte tanto

Hoy es un castigo de los dioses...

Ayer abrí una caja

Café

El café se enfría, como frías son tus miradas
no cierras los ojos, simple, no me miras

El café se enfría, frías tus palabras
y ya no las digas ni me escribas poesías
con las estrellas del cielo

El café se enfría, frías son tus manos
no acarician todo aquel paraíso descubierto
cada vez que mi cuerpo recorrías

El café se enfría, fríos tus besos
inerte prefiero tomar la nieve
frío quemo mis manos antes que besarte

El café se enfría, frías tus pisadas
caminas y tu raíz que no se marca
parecieras volar por la vida
volar

Fríos son tus recuerdos
que duermen congelados
justo ahí donde cerraste la puerta

El café se enfría, lo sabes

Sandra Anabella Mancilla

Muerte

Cuando muera la noche
muerte ya no habrá más estrellas
no estarás para mí disponible

Cuando muera la noche
tu voz lejana, no seré quien la acaricie
mis fantasías no volverán la muerte

Cuando muera la noche
no quedará nada, nada
nadie más que mi vida reproche

Nada

No hemos perdido a nadie
nadie nos pertenece
circunstancias nos acercan
tus ojos
míos miraban ya no me miran
solo compartieron mi almohada

Nada nos pertenece

Sandra Anabella Mancilla

Lo sé

Sé que aún piensas en mí
porque al cerrar mis ojos recorres mis sueños

Sé que aún piensas en mí
cierro mis ojos, siento mi pecho latir tu corazón volver

Sé que aún piensas en mí
y las calles no te ven cantar lo que me alegraba

Sé que aún piensas en mí
dejaste nuestro café de amor de las mañanas

Sé que aún piensas en mí
por todo y porque sí

Pienso

Pensar en ti
es lo más parecido a perderse en las olas tus mares
es dejar en la miel tus abrazos mi piel

Sandra Anabella Mancilla

Soy puerto de amor

Donde llegar no sea costumbre solo tu deseo
donde después de volar por el mundo sea tu elección
donde esté tu café y las tostadas calientes esperen

Soy un puerto de amor
donde tu horizonte está junto a mí
donde los amores se encuentran
donde las despedidas iluminen el navegar de los
enamorados

Soy un puerto de amor
donde soy sol, la luz en tu duro andar
donde dejo el ocaso en silencio, apagando las estrellas veo
tu luz
Soy tu puerto de amor
donde llegas a mi vida sin querer volver a otra

¡Quiero desahogarme!

A través de mis versos porque contemplando la vida no
concibo tu ausencia...

Si con cada sonrisa elevas mi Alma y ella grita que aún me
haces falta...

¡Quiero desahogarme!

A través de mi grito contenido en mi pecho para que sepas
cuánto daño me has hecho...

Si en mi vida tu recuerdo no fuera lo suficiente...
¡Oh Amor! Eres mi grito ausente...

¡Quiero desahogarme!

A través del silencio...
ese que inunda las cuatro paredes de amores amantes...

Donde no hay instantes ni pausas ni recuerdos solo
momentos de amarnos en silencio...

¡Quiero desahogarme!

A través de tu piel...
tu piel que me falta y acaricio en sueños como en aquellos
momentos

cuando viajabas con tu mirada y envolvías mis ansias
entre besos... magia y deseo...

¡Quiero desahogarme!

¡Soy una Gota!

Sí soy una gota
que vive suspira
reza, canta, vibra

Música, poesía, danza
mar, lago, río
regada en tus brazos

No me sueltes amor
que me desvanezco
me absorbo, desaparezco

Sandra Anabella Mancilla

En el Día Mundial de la Filosofía

Me revelo Maestro, te quiero, te quiero
pero no puedo no puedo entender
Padre no puedo comprender tanto vacío,
tanta ausencia de tu cuerpo

Me revelo Maestro, te quiero, te quiero
pero no puedo no puedo entender
Padre no puedo que la maldad es ignorancia

Me revelo Maestro, te quiero, te quiero
pero no puedo no puedo entender

Me revelo Maestro, te quiero, te quiero
pero no puedo no puedo entender
Padre, me revelo ante la soberbia, la arrogancia
armas que han cargado sobre mi cuerpo

Me revelo Maestro, te quiero, te quiero
pero no puedo no puedo entender
Padre porque mis rodillas solo se doblan ante el silencio

Hoy me revelo
cuando al fin llegas a tu propio entierro

Prometo

Prometo pintar tu sonrisa, verla así despertar cada día

Prometo pintar tu espalda, acariciarla con sol, nuestras mañanas

Prometo pintar tus ojos, mirar tu belleza

Prometo pintar tu cabello, nadar con todos mis dedos

Prometo pintar tus manos junto a las mías

Prometo nada pueda separarnos

Sandra Anabella Mancilla

Imagínese

Si usted me alborota las letras cuando lo pienso

imagínese

cuando por fin pueda verlo

Valiente usted

Usted llegó a mi vida de la manera más extraña
de la manera jamás imaginada y la menos casual

Viajaba en los atardeceres buscando su mirada
volaba frente a usted buscándolo
y cantado lo soñaba soñando mis melodías románticas

Pero usted, usted jamás me miró y lo entiendo

No cualquiera es tan valiente
de mirar a una Leona

Sandra Anabella Mancilla

Mis vidas seguiré buscándolo a usted

Con cada una de sus historias,
sus tormentas, sus palabras,
sus miradas, sus canciones

Mis vidas seguiré buscándolo a usted

Con sus manos tocando mi cuerpo
como tocando las blancas y negras
teclas de su piano

Quiero volver

Volver esos días en que nada extrañaba
que no me importaban las miradas,
esos días en que el café se enfriaba y me daba lo mismo,
nadie me acompañaba,
caminar en silencio, silbando, contando líneas
saltando las calles, viendo amores de la mano

Quiero volver

Y no quiero volver a sentir presencias ni ausencias,
esos días que no importa si hay llamadas o mensajes,
días en que si corres o caminas... recordándote de niña...

Quiero volver al reloj que camina
y al que no camina porque nadie me espera

No hay lluvia ni tormenta
si abro o no el paraguas
quizás me sirva para tapar el sol
volver a la normalidad quiero
a ver de noche las estrellas
sin esperar un cometa o una estrella fugaz

 Quiero volver a los días en que el mar me mira
celosas las olas mi cuerpo mojaban
en sirena me transforman
pero siempre mi soledad me acompaña

Sandra Anabella Mancilla

Quiero volver a la normalidad
quiero volver a esos días
en que no te necesitaba

¿Qué hacer?

Cómo sostengo ahora estos fragmentos

si quien los sostenía era la soledad

Mi silencio

Sandra Anabella Mancilla

Hoy al igual que otros días te extraño

Te extrañan mis manos
mis besos, mi locura, mi silencio

Te extrañan mis sábanas, el olor de nuestras mañanas

Miradas, mis ojitos cerrados, mis buenos días
mi café en la mañana

Te extrañan las caricias

Las risas y las pausas, las montañas nevadas
la lluvia que se ausenta en primavera

Te extraña mi espalda como desierto desolado
el rayo de sol que pasa por la ventana

Te extraño sin palabras
mi dulzura, mis demonios
mi corazón, mi Alma, mi niño tu Alma

Te extrañan mis deseos, mi pasión, mis pensamientos
mi diversión, mi tolerancia
mis sí, mis no

Te extraña el rocío de mi jardín.
mis gotas que bebías cada mañana
porque solo están para ti

Hay un gran vacío sin ti

Te extraño

Sandra Anabella Mancilla

Nace

Hago de tu pecho lo infinito
siento tus latidos
donde nace mi respiración

Donde siento tu calor
donde nace
un nuevo sol

Quiero volar

Quiero volar hacia ti
como las aves lo hacen sin separarse
quiero sentir que danzamos libres
perdiéndonos en el mismo aire
que recorre nuestros cuerpos
haciéndonos eternos

Quiero sentir que tus alas me toman
me abrazan, me acarician
esas que me guían al compás de nuestra melodía
esas que solo existen cuando los dos estamos

Ay si pudiera
treparía las altas montañas
alcanzar tu vuelo
sofocarme en tu deseo
que fuera mío, que fuera nuestro

Quiero volar a ti

Sandra Anabella Mancilla

Su boca la más perfecta

Tu boca… la amo, con sus labios puros, pintados de temor
y cielo
cada vez que se acercan debo probarlos
juntarlos con los míos, porque así puedo saber
si estoy despierta o soñando

Cuando era niña veía televisión
preguntándome:
¿Cómo será tocar otros labios?
¿Qué sabor tendrán?
¿Serán dulces como el manjar?

Hoy solo puedo decir que sus labios
son más dulces que el manjar

Su voz cruza el umbral de sus labios
vida a la más hermosa melodía
su piano no lo acompaña
su voz por sí sola encanta

Nada se le parece
labios
que nada se les compara
labios
que cuando me tocan
Diosito me derrito
no sé si estoy despierta o sigo soñando

Cuando me besa
el tiempo se detiene, no hay marcha atrás
solo estrellas brillando al infinito
aún no llega la noche

Cuando me besa
sus labios de niño
ruge esta Leona, que solo se calma con una caricia
Cuando me besa
quisiera seguir soñando despierta
su boca la más perfecta

Sandra Anabella Mancilla

Vivo

Con un puñado de lágrimas me quedé dormida
un torrente de culpas
abismo de soledad llovían las fotos, recuerdos del pasado

Hoy, no miro atrás

Hoy, avanzo sin prisa

Hoy, ya no me preocupo

Hoy, me ocupo, me busco, me encuentro, me quiero, me
siento, me escucho
me hablo, me acaricio, me descubro, me cuido, me respeto,
me admiro, me huelo
me priorizo, me elijo
me amo, me amo, me amo
Sí
me amo como nunca, para siempre

Muchas veces me dormí
mientras de mis manos caía un puñado de lágrimas
hoy como sagrada agua bendita
por mi cuerpo recorre, me baña
me reconstruye me fortalece

No temo

Voy por lo que quiero
el dinero no importa,
lo que quiero no se compra
se siente, se vive

Hoy siento, creo, camino, avanzo

Hoy vuelo, soy libre

Hoy vivo

Vivo

Sandra Anabella Mancilla

Hoy te miré mientras dormías

Tan dulce, tierna, piel rosa
a veces fría
pegajosa sonríes

Tan niña, tomaste mi mano
un ojito y me dijiste hola

Tan mía, tuya egoísta
cerraste la herida que dolía

Tan sabia, ya no eres la misma
aprendiste a golpes, lo que jamás harías

Tan suave, noble contigo
solo te abrazo, alumbrando el camino

Tan linda, viviendo la vida
en un diferente presente

Tan Loca, bailando a tu ritmo
con divina música cualquiera

Tan frágil, soñando despierta
pinta la vida, nada la acelera

Tan Valiente, soltaste, sueltas
abre tus alas al cielo vuelas

Esa era yo
que hoy te vas
mientras dormías

Sandra Anabella Mancilla

No y no

No puedo separarme de esos labios

Me hablan, me aman, me atan, maltratan

Me encadenan a su boca

No puedo separarme

No puedo

No quiero

Caminé descalza

Era el camino soñado
mi paisaje favorito tierra desierta
tonos de colores café sin vida
el fuerte viento, escucho danzando de un lado a otro
música
contemplo hermosa tu melodía

Caminé descalza
granitos de arena dejando huellas piedritas en mis pies
me gustaba hacer dibujos en la arena descalza
dejando huellas mis pisadas

El sol penetraba mi piel, quema
caminaba, pensaba, pregunté
¿hacia dónde voy?

Ya no estaban mis huellas

¿Qué haría? Si no sabía de dónde venía
todo se borró del camino
tantos colores todos tan distintos
no distingo el camino, es todo incierto

Comencé a caminar sin prisa, siempre avanzando
atrás miro el camino andado, observé mis huellas
algunas borradas, otras chuecas, otras pisadas entre ellas,
otras parecían más pequeñas, unas lloraban

otras reían, cada una mía, cada una me hizo más fuerte
verdaderas

Caminé descalza

Fijo mi propio camino, cantando con el viento
mis pasos eran cada vez más firmes
más seguros, más felices

Camino descalza
no esquivo más piedras, no miro atrás

Camino descalza
mi propio destino

Agradezco

Hoy digo adiós

Hoy muere mi ser

Hoy libero este sentimiento
no quiero dolor

Agradezco, bendigo, libero

No quiero tener apretado
mi corazón

No quiero llorar
no lo merezco

Hoy me alejo
hoy ya no soy

Hoy digo adiós

Agradezco, bendigo, libero

Sandra Anabella Mancilla

Hazme el amor

Al oído cántame una canción

Tócame el piano, tu bajo, despacio amor
de cerca la distancia, el silencio las ganas
la piel la sed con hambre

Tócame en tinieblas, el corazón
la razón, la paz, la vida
sin indiferencia, sin dolor, sin tristeza.

Tócame con tu risa, tus caricias, con lluvia
con calor, con frío, sin preguntas, sin respuestas

Tócame sin ausencia, sin miedo, sin suspensos
con un beso

con un beso tócame
y hazme el amor

Me envolvió

Se acercó un remolino de los desiertos
me envolvió con su movimiento en el aire
en su girar, cerré mis ojos, sentí volar
el viento sonaba más fuerte
ya no había música que contemplar

No sé cuánto duró
de pronto todo se calmó
el remolino me dejó con suavidad en la arena
sonaba nuevamente el viento
su melodía

Un remolino de los desiertos
me envolvió

Sandra Anabella Mancilla

Muero a cada segundo

Muero a cada segundo
suena mi reloj

ni segundos, ni minutos... no horas

Es la vida que transcurre en tu ausencia

Silencio cómo puedes vivir sin mí

Cómo sentir que en algún momento me extrañas

Cómo seguir la vida si la llevas contigo

Muero a cada segundo
de frío, de llanto, esperanza
De duelo
de ser, de no ser, de estar, de no estar
de hambre, de rabia, de dolor

Saber que te parí

Muero a cada segundo
no suena mi reloj

Siento

Siento paz, siento ira

Siento sol, siento lluvia

Siento calor, siento frío

Siento deseo, siento rechazo
un abrazo, un desprecio

Siento el mar, el desierto

Siento el sol, la luna, la noche
siento el día

Siento alegría, la felicidad
el amor, su humildad

Siento el pasado, su mañana
su aroma, el cielo

Nada es eterno
Camino, respiro, suelto mi bata
gigantes no existen no vienen a mí

Camino, segura, no me comparo, no me comparen
nadie me alcanza, no es soberbia, solo destreza

Y siento

Sandra Anabella Mancilla

Y dice

Esta historia se escribe cantada
transformada en canciones
cántala antes de que acabe la música

Hoy pasaré por ti

No me esperes en tus sueños
sé el camino

Cierra los ojos
que ya me duermo

No olvides
hoy pasaré por ti

Sandra Anabella Mancilla

Quizás

A veces quisiera volar
y no regresar

A veces quisiera olvidar
y no recordar todo lo aprendido

A veces quisiera sentir
que tu corazón late junto al mío
y sería divino

Quizás en otro tiempo

En otro mundo, en otra vida

Quizás no estás en mi destino

Quizás

Gris

Gris tu silencio tiene color

Gris
tu mirada sin decir palabra

Gris
no me castigues
que extraño tu sonrisa
tu mirada enamorada
no calles que todo apagas

Gris
rompe este silencio
Negro gris la oscuridad mi ceguera

Gris es gris

La ausencia
gris el olor de tu silencio

Sandra Anabella Mancilla

Miedo

Tengo miedo
al día en que te vayas

Tengo miedo
que llegue el día
que quedaré sin alma

Tu mano

Quise tomar tu mano
calmar tu dolor
acariciar tu cabello

Quise besar tus labios
decir te Amo
entrar en tu alma

Quise pintar tu silueta
escribirte canciones, poemas,
más el tiempo te llevó de vuelta

Ya no estás y yo solo
quise tomar tu mano

—No te quiero para estar

—Te quiero para ser

Perdida

Me pierdo en mi sombra
mi oscuridad, no existen mis pasos

No veo mi torpeza, mi dulzura
ni mi ternura, mi frialdad

No veo mi amargura, mi alegría
ni mi angustia, mi desconfianza

No veo, no veo, no existo
y me pierdo en mi sombra

No quiero, no quiero ver,
los mismos colores que
veía ayer

Me pierdo en mi sombra
en mi oscuridad no existo

Sandra Anabella Mancilla

Presente

Todo silencio no es ausencia

Mira, aquí estoy en silencio

Mira, aquí estoy más presente que nunca

Te veo

No puedo mirarte
veo tu camino por mi corazón

Sandra Anabella Mancilla

Provoca

Valiente para escribir

Letras que parten mi alma
sacan lágrimas, todo en silencio

Solo escucho el viento
piel mía erizada

Es eso que provoca

Ausencia de ti

Mi propia composición

Soy la cuerda de la guitarra que jamás sonará
la tecla de tu piano que no tocarás
la letra de la canción que nunca escribirás

Soy la canción de tu disco que no será grabada
la nota de los acordes que jamás crearás
la música que tus oídos no escucharán

Soy la melodía que en tu corazón no vibrará

Soy lo que no seré
el presente
el amor

Queriendo ser mejor
mi propia composición

Sandra Anabella Mancilla

Sin voz ausente

¿Cómo llegar a casa?
A casa si no estás

Las Gaviotas lejanas, no visitan el mar

¿Cómo llegar a casa?
A casa si no estás

No está la sombra en mi camino al entrar

¿Cómo llegar a casa?
A casa si no estás

Ya no quiero, doy un grito, nadie escucha

¿Cómo llegar a casa?
A casa si no estás

Tu aroma en mi almohada viva

¿Cómo llegar a casa?
A casa si no estás

Tu recuerdo me detiene

¿Cómo llegar a casa?
A casa si no estás

El silencio interrumpe sin voz ausente

Presente abraza me mima
tus manos, tus besos

Sandra Anabella Mancilla

Nada peor

No hay peor suicidio
que no escucharse

El cuerpo recuerda
el cuerpo te habla

Tal vez

No me pidas
no quiero ser yo

Tal vez soy
una ilusión, un suspiro, un deseo, un delirio

Tal vez soy
un instante, un momento, un mareo, un tormento

Tal vez soy
una brisa, una urgencia, una espera
un sueño, un cuento

Tal vez nada

Lo que sea, quiero
Hoy no quiero ser

Sandra Anabella Mancilla

Vive

El amor no es un concepto
no es algo muerto

Vive y renace
a cada instante

Llueve

Esta tarde llueve, llueve como nunca
llueve como a veces, llueve como siempre

Todo parece violento,
negro, cavernas, deshielo, sin luz,
sin aire, todo se hace eterno

Miro el cielo, me pierdo

Esta tarde llueve
llueve, llueve como nunca
llueve como a veces, llueve como siempre

Sandra Anabella Mancilla

Bésame en esta esquina

Bésame en esta esquina
entre la lluvia viene el arcoíris

Abrázame en esta esquina
¿importa que la luz cambie de color?

Tómame en esta esquina
nadie detenga este momento, hagámoslo eterno

Testigos son los charcos del cemento
no crucemos la calle que no es tarde

Qué importa
si al fin puedo mirarte

Que sea nuestra esquina
que se acerca el viento
que no me robe tus caricias
tus miradas de nuestros besos

Le ofrezco mi paraguas señor
no permita que mi amor vuele mi mano
porque entonces esta esquina habrá acabado
con el sueño de mi corazón enamorado

Bésame en esta esquina
amor

La noche

Si la noche es de los poetas,
mi poesía duerme en tu almohada

Sandra Anabella Mancilla

Una brisa sutil amable

Soy una brisa
sutil amable

Apacible, dulce, ligera

Con aroma de tu perfume
descansando en mi almohada

A ratos en calma
a ratos tibia, a ratos fría

Me transformo en viento imparable
huracán de deseos que llueve
desbordándose con tu recuerdo

Soy una brisa
sutil amable

Desvanecida en tus brazos
esperando apagar los colores
dentro del cajón de mi destino

es que se ha ido tu olor
tu recuerdo
todo lo que me sostenía

Como una brisa sutil amable

—Aprendí a amarme

—Ahora puedo amar

Sandra Anabella Mancilla

Ya no espero

Las rosas se marchitaron
esperando verte

El tiempo se detuvo
esperando verte

La canción que te escribí
se borró
ya no suena
esperaba verte

El horizonte se alejaba
esperando verte

Mi Paz se iba
esperando verte

Las campanas dejaron de sonar
esperando verte

Sin pensar el invierno se fue
esperando verte

No debería pero hoy beberé
esperando verte

Mis ojos se cerraron
esperando verte

Mi corazón dejó de latir
esperando verte

Ya nada espero
solo
esperaba verte

Sandra Anabella Mancilla

Me enseñaste

Me enseñaste a ser congruente
aquí estoy en un adiós que no siento
me enseñaste y no aprendo

Me enamoró y se marchó

Me enamoró con sus manos acariciando mi cabello

Me enamoró con sus besos
con ellos yo escribía mis versos

Me enamoró con sus ojos
su mirada es sincera

Me enamoró con su voz
cada palabra hipnotiza

Me enamoró con su risa
contagia de alegría

Me enamoró con su apasionada inteligencia
en las noches abrazados dormía

Me enamoró en las mañanas
¡con sus buenos días!

Me enamoró en las tardes
preparando juntos la cena

Me enamoró
y se marchó sin avisar
con él se llevó mis latidos

Me enamoró
y se marchó

Sandra Anabella Mancilla

No hablemos

No hablemos
de poesía

Ni de Música, ni Literatura, ni de cuerdas,
estrofas

No hablemos
de poesía

Mejor que sea tu vida
la que rime con la mía

No hablemos
entre poetas

Gracias, gracias, gracias

Quisiera escribirte el poema
ya escrito en mi corazón

Eres el ángel que juntos volamos

Volamos por campos, ríos, mares, ciudades

Mi amigo, cómplice, compañero, amante

Risas, largas conversaciones, me motivaste

Distancia, tiempo, pandemia, tantos planes

Cursos, estudios y los mejores aprendizajes

Sin duda tu presencia en mi vida
me ha hecho ser quien soy
gratitud eres mi reflejo, muestra lo que debía sanar

Gracias, gracias, gracias

Sandra Anabella Mancilla

Ya no

La Poeta despertó
ayer leí sus letras

Parecían suspendidas en el Aire

Tú eres mi aire
que aviva mi fuego
si no estás se consume
como me apaga el agua y la tierra

Ya no eres la misma
ya no son las mismas letras

Ya no buscas su aire
tu propio fuego te ha transformado

Tantos

Tantos lugares donde ir

Tantos lugares donde viajar

Tantos lugares para conocer

Tanto en ti para recorrer

Sandra Anabella Mancilla

Astros

Todo previsto
nunca debí mirar los astros
mucho menos perderme en ellos

Eres

Eres mi mar, mi cielo
mi vida

Eres océano que me abraza
penetra la piel

Aquel océano en que nado con libertad
sentirme yo

Aquel océano de felicidad
que me hace amarme más y más

Eres mi mar, mi cielo
mi vida

Sandra Anabella Mancilla

Decidí

Decidí no volver a escribir
es tan difícil ver la luz de los vehículos
sabiendo que ninguno soy
que ninguno me pasará a recoger

El café se enfría, ya no huele igual
a pesar de que lo he cambiado por cacao
se enfría

El Mate, ahí está
me sigue esperando
no gracias prefiero agua

Nada se siente igual
de mis sentidos siempre fue oler
las flores, el día, la noche
todo huele distinto
tu cabello junto al mío, cuerpo, alma,
nada

He aprendido a caminar
contigo volábamos
exagero, pero soy felicidad

Ya no sé dónde me dejaste
no sé si buscarte o renunciar
búscame en cada Mate

que aunque no me guste
te lo preparé con amor

Decidí no volver a escribir

Decidido está

Sandra Anabella Mancilla

Tu luz

Te extraño a cada instante
derramaste tu luz
que recibí como flor
su alimento

Te llamo

Me atreví a llamarte
porque quiero saber de ti
saber cómo estás
rota en lágrimas como elixir
de mi cuerpo
que me diste de tu alma

Ese elixir
con el que me nutriste
enamoraste
y abandonaste

Sandra Anabella Mancilla

Mi primavera

La dama estaba en silencio
abrió su ventana
floreció

A ti gracias

Gracias mi ermitaño
por enseñarme mi luz
para caminar en la soledad
en reflexión
En silencio encontré mi verdad

El camino no acaba
pero sí tu existencia

Sandra Anabella Mancilla

Hay

Hay vida después
de ti
Hay hoy
ni antes ni después

Prometo

Mirándose al espejo
sonrió
prometiendo a sus ojos
jamás volverán a llover

Sandra Anabella Mancilla

Muy lejos

Quiero perderme en el viento
irme lejos

Lejos del aire
que me faltas

Esperar

Espera
dicen que hoy es lunes

Sentada aquí
sala de espera

Clínica Covid 19
PCR no se aleja
me mira
me espera

Qué angustia
más amarga
clínica PCR esperar

Como angustia
más amarga
esperar tu mirada

Esperar

Sandra Anabella Mancilla

No pienso

Pensándolo bien
no debería pensarlo

Cada vez que lo hago
todo se complica

¿Un café, un jugo, un té?

Gracias, prefiero un mate,

tal vez un chocolate

Volveré

Volver, volveré
a sonreír, amar, acariciar
querer, disfrutar, reír
A caminar, levantarme
A soñar

A vivir, volveré

Sandra Anabella Mancilla

Soy indestructible

Saqué todos mis miedos
sanando mis heridas

Solté lo que ya no servía
me acostumbré a mi compañía

Sobre todo, me llené de valor
amor propio

Soy indestructible
sé lo que valgo

Me dejo llevar

Recuerdo un día muy especial
donde la calma, el ruido, el silbido se callan

Donde me abstraigo de todo sonido
solo escuchando mis latidos

Aunque no nos pongamos de acuerdo
respiro

Me dejo llevar como volantín
al viento flotando
aire mágico...
una mecedora todo lo olvido
mis brazos desea mi niña interior

Respiro

Sandra Anabella Mancilla

El amor eres tú

Tu esencia divina
se une conmigo
compartiendo el amor incondicional
de nuestras almas

El amor eres tú

El amor no es hacia otro

El amor eres tú

La poesía engaña

No soy lo que escribo
soy lo que lees

Lo que sientes

La poesía que engaña

Nada verdadero existe

Sandra Anabella Mancilla

Nada se compara

Quiero mantener esa sonrisa
pensar que la vida es linda
que las personas son buenas

Quiero mantener los colores
mi alma dolida no me deja

Nada se compara ni tiene sentido
a la herida del alma

Nosotros

Tu universo
un sueño
Mi universo
Mi sueño
Tu divinidad etérea
Mi divinidad encarnada
Nosotros
Algo parecido a tú a mí

Sandra Anabella Mancilla

Volando mi dolor

Quiero volar al viento
El viento vuela alto dolido
de muerte herido va
se lo lleva el alma
Que se lo lleve ella
que se lleve volando mi dolor

Estrellas

Pregunta por mí
las estrellas
tienen la respuesta

Aceptar

¿Cuándo deja de doler?

¿Cuándo me podré mover?

¿Cuándo volveré a sonreír?

¿Cuándo dejaré de sentir la brisa?

En mi piel, en mi rostro en mi vida

¿Qué quieren de mí los espíritus?

¿Quieres darme más lecciones?

Espero algún día tu bendición

Acepto, pero duele

Justicia

Rechazada
abandonada
abusada
violada
incomprendida
negada

Sin nada he quedado
no me victimizo

Soy una sobreviviente
merezco amar ser amada
antes de que mis lágrimas
se sequen
antes de un adiós
a mi corazón

Se llama
hay un patrón
para encontrarse
se llama amor

En un silencio

Me pierdo en el silencio
obsesión de no saber
nadie
a nada pertenezco
sombras llevo dentro
la brisa que juega con mi cabello

Me pierdo en el silencio
y podría besarte
haciendo de ti cuentos
quijotescos que no existen

Me pierdo en el silencio
te callas y me pierdo
solo espero una caricia
un te amo
aunque sea en un silencio

Sandra Anabella Mancilla

Bendita

Bendita noche
que expresas amor
Bendita noche
en el desamor

Sonrío

Luchar contra mí
heridas de traición
abandono y rechazo
se han puesto de acuerdo
me danzan en una ronda

Sonrío

Amor propio que termina el día
de la mano abrazando
mis heridas de traición
abandono y rechazo

Sandra Anabella Mancilla

Te escribo

He escrito tanto de ti muerte
que no te temo
adelante usted
yo bien por aquí
hoy usted huele diferente
más a flores que a café

Mis flores favoritas sepa usted

Ven

Algodón ven
junta mis partes
aunque hoy tus abrazos
no sean tan suaves

Sandra Anabella Mancilla

Te acepto

Quiero ser normal
pero mi cuerpo no quiere

Dolor eterno recuerda
mi existencia mis emociones
estar viva
soy parte de él y él parte de mí
te abrazo dolor
te acepto

Toc-Toc

La muerte en mi puerta linda, dulce, bella

En mi oscuridad no me encuentra
preparada
la llamaré

Sandra Anabella Mancilla

Maldito 2020

Me quitas lo que amo
nada de eternidad en un abrazo
nada es igual

Maldito 2020

Sufrido corazón partido
que no me deja amar

Maldito 2020

Nada tiene

Nada tiene sentido
respirar, amar, sonreír
nada tiene

¿Admirar lo tiene?
Quizás

Nada tiene sentido
no tiene sentido vivir
no lo tiene
nada tiene

Sandra Anabella Mancilla

Olvidar

Qué extraña manera de olvidar
escribiendo del olvido
olvido

Sana soy

Soñar contigo me sana
decirte las cosas
las nuevas
las guardas
las olvidadas
mirándote a los ojos
no puedes manipularme

Sandra Anabella Mancilla

Perdida

Perdida en el viento
voy perdida a la deriva
vamos a la deriva perdidos
lejos muy lejos perdidos
lejos muy lejos
Tengo tanto aire y el viento
que aire que me falta
perdida en el viento
me pierdo

Confía

Tus ojos no estarán tristes
para siempre
los para siempre
no existen

Confía

Sandra Anabella Mancilla

Soy solo un reflejo

En mis ojos no estoy
no me mires
está mi ausencia, mi silencio

Te busca mi tristeza
pero no te encuentra

En mis ojos no estoy
no me mires

Soy solo un reflejo
de lo que fui
de una vida pasada

No es mi día mujer

No quiero que me insultes
que me maltrates
que me abuses
No quiero que me desprecies
No quiero que me mientas
No quiero que me enjaules
No quiero que me silencies

No quiero que me saludes
No es mi día mujer

Sandra Anabella Mancilla

Mi reflejo

Todo lo que amo está
en tu silencio,
tu existencia y rebeldía
está en tu aroma
tus gustos y disgustos

Todo lo que amo está
tus tardes noches mañanas
en tus palabras con leche y café

Todo lo que amo
lo tengo
todo lo que amo
lo reflejo en ti

Tengo amores

Tengo amores hermosos
mi sabiduría, mi resiliencia
mi valentía, mi amar incondicional
humana sin aspiración a ser perfecta
Tengo amores hermosos
compartir contigo mi felicidad

Sandra Anabella Mancilla

Ahogo

Me ahogo
mi mente se sumerge
haciendo versos
escribiendo en tus ojos

Me ahogo
tocar tu mano
jugar con tu cabello
pero tenerte en mis brazos
mi mayor anhelo

Final

Miro atrás
veo el camino recorrido
piedras
hoyos y baches
de ellos he aprendido

www.ingramcontent.com/pod-product-compliance
Lightning Source LLC
Chambersburg PA
CBHW031317160726
47993CB00001B/447